Radha Shodashanama Stotra
The Sixteen Names of Radha
From Brahma Vaivarta Purana
Koushik K

ISBN: 9798367209181
First Printing, 2022

Contents

About the Hymn

This is a short hymn on Radha the supreme embodiment of primordial nature (Prakruti) and the eternal consort of shri Krishna dwelling in the highest abode of Goloka. She is the divine queen of vrindavana and the embodiment of divine love. The hymn is comprised of 16 names. Each name indicates a glorious aspect of goddess Radha. The meaning of these names are also explained through shlokas in this hymn. In this book the meaning of these names are translated and explained based on those shlokas and other sources from Vedas, Puranas etc.

राधाषोडशनाम

श्रीनारायण उवाच ।

राधा रासेश्वरी रासवासिनी रसिकेश्वरी ।
कृष्णप्राणाधिका कृष्णप्रिया कृष्णस्वरूपिणी ॥ १॥

कृष्णवामाङ्गसम्भूता परमान्दरूपिणी ।
कृष्णा वृन्दावनी वृन्दा वृन्दावनविनोदिनी ॥ २॥

चन्द्रावली चन्द्रकान्ता शरच्चन्द्रप्रभानना ।
नामान्येतानि साराणि तेषामभ्यन्तराणि च ॥ ३॥

राधेत्येवं च संसिद्धौ राकारो दानवाचकः ।
स्वयं निर्वाणदात्री या सा राधा परिकीर्तिता ॥ ४॥

रासेश्वरस्य पत्नीयं तेन रासेश्वरी स्मृता ।
रासे च वासो यस्याश्च तेन सा रासवासिनी ॥ ५॥

सर्वासां रसिकानां च देवीनामीश्वरी परा ।
प्रवदन्ति पुरा सन्तस्तेन तां रसिकेश्वरीम् ॥ ६॥

प्राणाधिका प्रेयसी सा कृष्णस्य परमात्मनः ।
कृष्णप्राणाधिका सा च कृष्णेन परिकीर्तिता ॥ ७॥

कृष्णास्यातिप्रिया कान्ता
कृष्णो वास्याः प्रियः सदा ।
सर्वैर्देवगणैरुक्ता तेन कृष्णप्रिया स्मृता ॥ ८॥

कृष्णरूपं संनिधातुं या शक्ता चावलीलया ।
सर्वांशैः कृष्णसदृशी तेन कृष्णस्वरूपिणी ॥ ९॥

वामाङ्गार्धेन कृष्णस्य या सम्भूता परा सती ।
कृष्णवामाङ्गसम्भूता तेन कृष्णेन कीर्तिता ॥ १०॥

परमानन्दराशिश्च स्वयं मूर्तिमती सती ।
श्रुतिभिः कीर्तिता तेन परमानन्दरूपिणी ॥ ११॥
कृषिर्मोक्षार्थवचनो न एतोत्कृष्टवाचकः ।
आकारो दातृवचनस्तेन कृष्णा प्रकीर्तिता ॥ १२॥

अस्ति वृन्दावनं यस्यास्तेन वृन्दावनी स्मृता ।
वृन्दावनस्याधिदेवी तेन वाथ प्रकीर्तिता ॥ १३॥

सङ्घः सखीनां वृन्दः स्यादकारोऽप्यस्तिवाचकः ।
सखिवृन्दोऽस्ति यस्याश्च सा वृन्दा परिकीर्तिता ॥ १४ ॥

वृन्दावने विनोदश्च सोऽस्या ह्यस्ति च तत्र वै ।
वेदा वदन्ति तां तेन वृन्दावनविनोदिनीम् ॥ १५ ॥

नखचन्द्रावली वक्त्रचन्द्रोऽस्ति यत्र संततम् ।
तेन चन्द्रवली सा च कृष्णेन परिकीर्तिता ॥ १६ ॥

कान्तिरस्ति चन्द्रतुल्या सदा यस्या दिवानिशम् ।
सा चन्द्रकान्ता हर्षेण हरिणा परिकीर्तिता ॥ १७ ॥

शरच्चन्द्रप्रभा यस्याश्चाननेऽस्ति दिवानिशम् ।
मुनिना कीर्तीता तेन शरच्चन्द्रप्रभानना ॥ १८ ॥

इदं षोडशनामोक्तमर्थव्याख्यानसंयुतम् ॥

नारायणेन यद्दत्तं ब्रह्मणे नाभिपङ्कजे ।
ब्रह्मणा च पुरा दत्तं धर्माय जनकाय मे ॥ १९ ॥

धर्मेण कृपया दत्तं मह्यमादित्यपर्वणि ।
पुष्करे च महातीर्थे पुण्याहे देवसंसदि ॥

राधाप्रभावप्रस्तावे सुप्रसन्नेन चेतसा ॥ २०॥

इदं स्तोत्रं महापुण्यं तुभ्यं दत्तं मया मुने ।
निन्दकायावैष्णवाय न दातव्यं महामुने ॥ २१॥

यावज्जीवमिदं स्तोत्रं त्रिसंध्यं यः पठेन्नरः ।
राधामाधवयोः पादपद्मे भक्तिर्भवेदिह ॥ २२॥

अन्ते लभेत्तयोर्दास्यं शश्वत्सहचरो भवेत् ।
अणिमादिकसिद्धिं च सम्प्राप्य नित्यविग्रहम् ॥ २३॥

व्रतदानोपवासैश्च सर्वैर्नियमपूर्वकैः ।
चतुर्णां चैव वेदानां पाठैः सर्वार्थसंयुतैः ॥ २४॥

सर्वेषां यज्ञतीर्थानां करणैर्विधि□ोधितः ।
प्रदक्षिणेन भुमेश्च कृत्स्नाया एव ससधा ॥ २५॥

शरणागतरक्षायामज्ञानां ज्ञानदानतः ।
देवानां वैष्णवानां च दर्शनेनापि यत् फलम् ॥ २६॥

तदेव स्तोत्रपाठस्य कलां नार्हति षोडशीम् ।

स्तोत्रस्यास्य प्रभावेण जीवन्मुक्तो भवेन्नरः ॥ २७॥

इति श्रीब्रह्मवैवर्ते श्रीनारायणकृतं राधाषोडशनाम वर्णनम् ॥

Rādhāṣoḍaśanāma stotra

śrīnārāyaṇa uvāca .
rādhā rāseśvarī rāsavāsinī rasikeśvarī .
kṛṣṇaprāṇādhikā kṛṣṇapriyā kṛṣṇasvarūpiṇī .. 1..

kṛṣṇavāmāṅgasambhūtā paramāndarūpiṇī .
kṛṣṇā vṛndāvanī vṛndā vṛndāvanavinodinī .. 2..

candrāvalī candrakāntā
śaraccandraprabhānanā.
nāmānyetāni sārāṇi teṣāmabhyantarāṇi ca .. 3..

rādhetyevaṃ ca saṃsiddhau rākāro
dānavācakaḥ .
svayaṃ nirvāṇadātrī yā sā rādhā parikīrtitā .. 4..

rāseseśvarasya patnīyaṃ tena rāseśvarī smṛtā .
rāse ca vāso yasyāśca tena sā rāsavāsinī .. 5..

sarvāsāṃ rasikānāṃ ca devīnāmīśvarī parā .
pravadanti purā santastena tāṃ rasikeśvarīm ..
6..

prāṇādhikā preyasī sā kṛṣṇasya paramātmanaḥ .
kṛṣṇaprāṇādhikā sā ca kṛṣṇena parikīrtitā .. 7..

kṛṣṇāsyātipriyā kāntā kṛṣṇo vāsyāḥ priyaḥ sadā .

sarvairdevagaṇairuktā tena kṛṣṇapriyā smṛtā .. 8..

kṛṣṇarūpaṃ samnidhātuṃ yā śaktā cāvalīlayā .
sarvāṃśaiḥ kṛṣṇasadṛśī tena kṛṣṇasvarūpiṇī .. 9..

vāmāṅgārdhena kṛṣṇasya yā sambhūtā parā satī
.
kṛṣṇavāmāṅgasambhūtā tena kṛṣṇena kīrtitā .. 10..

paramānandarāśiśca svayaṃ mūrtimatī satī .
śrutibhiḥ kīrtitā tena paramānandarūpiṇī .. 11..

kṛṣirmokṣārthavacano na etotkṛṣṭavācakaḥ .
ākāro dātṛvacanastena kṛṣṇā prakīrtitā .. 12..

asti vṛndāvanaṃ yasyāstena vṛndāvanī smṛtā .
vṛndāvanasyādhidevī tena vātha prakīrtitā .. 13..

saṅghaḥsakhīnāṃ vṛndaḥ
syādakāro'pyastivācakaḥ .
sakhivṛndo'sti yasyāśca sā vṛndā parikīrtitā .. 14..

vṛndāvane vinodaśca so'syā hyasti ca tatra vai .
vedā vadanti tāṃ tena vṛndāvanavinodinīm .. 15..

nakhacandrāvalī vaktracandro'sti yatra
saṃtatam .
tena candravalī sā ca kṛṣṇena parikīrtitā .. 16..

kāntirasti candratulyā sadā yasyā divāniśam .
sā candrakāntā harṣeṇa hariṇā parikīrtitā .. 17..

śaraccandraprabhā yassyāścānane'sti
divāniśam .
muninā kīrtītā tena śaraccandraprabhānanā ..
18..

idaṃ
ṣoḍaśanāmoktamarthavyākhyānasaṃyutam ..

nārāyaṇena yaddattaṃ brahmaṇe nābhipaṅkaje.
brahmaṇā ca purā dattaṃ dharmāya janakāya
me .. 19..

dharmeṇa kṛpayā dattaṃ mahyamādityaparvaṇi .
puṣkare ca mahātīrthe puṇyāhe devasaṃsadi..

rādhāprabhāvaprastāve suprasannena cetasā ..
20..

idaṃ stotraṃ mahāpuṇyaṃ tubhyaṃ dattaṃ
mayā mune .
nindakāyāvaiṣṇavāya na dātavyaṃ mahāmune ..
21..

yāvajjīvamidaṃ stotraṃ
trisaṃdhyaṃ yaḥ paṭhennaraḥ .
rādhāmādhavayoḥ pādapadme
bhaktirbhavediha .. 22..

ante labhettayordāsyaṃ śaśvatsahacaro bhavet.
aṇimādikasidhiṃ ca samprāpya nityavigraham ..
23..

vratadānopavāiśca sarvairniyamapūrvakaiḥ .
caturṇāṃ caiva vedānāṃ pāṭhaiḥ
sarvārthasaṃyutaiḥ .. 24..

sarveṣāṃ yajñatīrthānāṃ karaṇairvidhivodhitaḥ .
pradakṣiṇena bhumeśca kṛtsnāyā eva saptadhā
.. 25..

śaraṇāgatarakṣāyāmajñānāṃ jñānadānataḥ .
devānāṃ vaiṣṇavānāṃ ca darśanenāpi yat
phalam .. 26..

tadeva stotrapāṭhasya kalāṃ nārhati ṣoḍaśīm .
stotrasyāsya prabhāveṇa jīvanmukto
bhavennaraḥ .. 27..

iti śrībrahmavaivarte śrīnārāyaṇakṛtaṃ
rādhāṣoḍaśanāma varṇanam

Listen to Radha Shodashanama Stotra

Listen to the stotra by visiting the link below
https://youtu.be/iNCODX6Eh4E

राधा

Rādhā

राधेत्येवं च संसिद्धौ राकारो दानवाचकः ।

स्वयं निर्वाणदात्री या सा राधा परिकीर्तिता ॥ ४ ॥

rādhetyevaṃ ca saṃsiddhau rākāro
dānavācakaḥ .
svayaṃ nirvāṇadātrī yā sā rādhā parikīrtitā .. 4..

Rādhā is used to indicate saṃsiddhi which means complete accomplishment or the best accomplishments, moksha - the final liberation is the best and accomplishment after attaining which there is nothing left to be attained.

'Rā' - indicates the act of giving

She who gives or grants the final liberation (nirvāṇa) on her own is praised as rādhā.

Here the word svayaṃ - on her own, herself means two things,

1. She herself grants the final liberation and makes her devotees experience it without depending on anyone. She doesn't have to seek anyone's permission (even Krishna's permissions) because they are one and the same.

2. She grants her devotees final liberation by herself, without the devotees asking her or praying to her for final liberation. (i.e.) as we worship the goddess she guides us through the right path of love and devotion in the holy feet of lord Krishna and makes us realize that final liberation (moksha) is the final goal, then prepares us for liberation and helps us attain liberation through the ultimate wisdom of the real self and its relation with the supreme and leads us to sayujya (oneness with supreme god)

राध्नोति सकलान् कामान् तेन राधा प्रकीर्तिता

- देवी भागवत पुराण

rādhnoti sakalān kāmān tena rādhā prakīrtitā
- devī bhāgavata purāṇa

She is praised as rādhā because she blesses (devotees) with all the desires.

rādhnoti also means "one who destroys"

She is praised as rādhā because destroys all our desires by blessing us with the ultimate wisdom and helps us experience final liberation.

रासेश्वरी

rāseśvarī

रासेसेश्वरस्य पत्नीयं तेन रासेश्वरी स्मृता ।

rāseseśvarasya patnīyaṃ tena rāseśvarī smṛtā .

She is the wife (eternal consort) of rāseseśvara (lord of the quality of rāsa - the essence in everything) hence she is called rāseśvarī (mistress of rāsa)

Rāsa is the dance practiced by kṛṣṇa and the gopīs. It is the symbol of divine love and bliss. It is the symbol of all devotees (jeevatmans) connecting, associating and submerging with the supreme.

She is the main dancer in the center of the rāsa mandala accompanying lord krishna. Hence she is rāseśvarī

रसस्य भावः रासः तस्येश्वरी अधिष्ठात्री सेति

rasasya bhāvaḥ rāsaḥ tasyeśvarī adhiṣṭhātrī seti

Rāsa means the quality of rasa (the taste, the essence, the bliss which is existent in everything) she is the deity and controller of that quality hence she is rāseśvarī.

रसं ह्येवायं लब्ध्वानन्दी भवति इति तैत्तिरीयोपिनिषदि

rasaṃ hyevāyaṃ labdhvānandī bhavati iti taittirīyopiniṣadi

Rasa (bliss) is non dual to supreme reality, only by attaining rasa one becomes happy and blissful.

रासक्रीडाधिदेवी श्रीकृष्णस्य परमात्मनः
रासमण्डलसंभूता रासमण्डलमण्डिता
   - देवी भागवतस्थ नवमस्कन्धे प्रथमोध्याये

rāsakrīḍādhidevī śrīkṛṣṇasya paramātmanaḥ rāsamaṇḍalasaṃbhūtā rāsamaṇḍalamaṇḍitā
   - devī bhāgavatastha navamaskandhe prathamodhyāye

She is the presiding deity of the rāsakrīḍā (the divine dance) of the supreme god krishna, he is the one who emerged from the rāsamaṇḍala and the one who is adorned by the rāsamaṇḍala. In essence she is the primary consort of lord krishna dancing in the centra of the rāsamaṇḍala.

रासवासिनी

rāsavāsinī

रासे च वासो यस्याश्च तेन सा रासवासिनी ॥ ५ ॥

rāse ca vāso yasyāśca tena sā rāsavāsinī .. 5..

She is the one who always dwells in the rāsa mandala, hence she is rāsavāsinī. She is in the center of the rāsa mandala standing by the side of lord krishna. Hence she is called rāsavāsinī

रासनमिति रासतेऽत्रेति वा

rāsanamiti rāsate'treti vā

रासो विलासः

rāso vilāsaḥ

rāsa means sport, play, pastime, pleasure, liveliness etc

The goddess dwells in all such qualities of lord Krishna

The different pastimes of Krishna are well described in shrimad bhagavata purana. Goddess rādhā dwells in all such pastimes (leelas) because she is the supreme energy (SHAKTI) and compassion of lord Krishna.

She is the divine bliss, hence she dwells in the bliss of Krishna as she is non dual to supreme bliss.

She exists in the quality of rasa (which was explained in the previous epithet)

रसिकेश्वरी

rasikeśvarī

सर्वासां रसिकानां च देवीनामीश्वरी परा ।

प्रवदन्ति पुरा सन्तस्तेन तां रसिकेश्वरीम् ॥ ६॥

sarvāsāṃ rasikānāṃ ca devīnāmīśvarī parā .
pravadanti purā santastena tāṃ rasikeśvarīm ..
6..

She, the supreme mistress of the rasikas (those who are fond of, devoted to rādhā and krishna) and devis (goddesses) is proclaimed as rasikeśvarī by the ancient sages.

Rasika devotees are devotees who sentimentally feel, enjoy visualize and contemplate the divine pastimes of lord krishna, they who contemplate, feel and witness the divine love of krishna and rādhā. Goddess rādhā is their leader, guide and mistress. She is the one who teaches them love and devotion to Krishna in various forms.

Rasika bhaktas are devotees who visualize and feel themselves as gopis (cowherd girls) who are friends of rādhā and krishna and they contemplate and participate in the divine sport of rāsa. Hence rādhā the queen and primary dancer of the rāsa mandala is the mistress of all rasikas. (all the rasikas all called devis because lord krishna is the only masculine and all others are his feminine companions. (Because he is the supreme reality and every other jeeva must submit to him and finally submerge in him.)

For these reasons sages and seers from time unknown say that she is rasikeśvarī

kṛṣṇaprāṇādhikā

प्राणाधिका प्रेयसी सा कृष्णस्य परमात्मनः ।
कृष्णप्राणाधिका सा च कृष्णेन परिकीर्तिता ॥ ७॥

prāṇādhikā preyasī sā kṛṣṇasya paramātmanaḥ .
kṛṣṇaprāṇādhikā sā ca kṛṣṇena parikīrtitā .. 7..

She is the dear lover of krishna the supreme god, dearer to him than his very own life and She is praised as kṛṣṇaprāṇādhikā by krishna.

The devi bhagavata maha purana also says in the first chapter of ninth canto.

पञ्चप्राणाधिदेवी या पञ्चप्राणस्वरूपिणी
प्राणाधिकप्रियतमा सर्वाभ्यः सुन्दरी परा

pañcaprāṇādhidevī yā pañcaprāṇasvarūpiṇī
prāṇādhikapriyatamā sarvābhyaḥ sundarī parā

She is the deity of five different prāṇa (vital air) working in our body, namely the prāṇa, apāṇā vyāṇa udāṇa and samāṇā. She is the form of the five different prāṇas, he is loved by lord krishna more than his own life, she is also precious to us devotees than our own lives. She is more beautiful than anyone else. She is the supreme personality (equal to lord krishna).

The life of Krishna is nothing but vedas.

यस्य निःश्वसितं वेदा yasya niḥśvasitaṃ vedā

She is greater than vedas hence she is called kṛṣṇaprāṇādhikā (she who is greater than krishna's own life.)

कृष्णप्रिया

kṛṣṇapriyā

कृष्णास्यातिप्रिया कान्ता कृष्णो वास्याः प्रियः सदा ।
सर्वैर्देवगणैरुक्ता तेन कृष्णप्रिया स्मृता ॥ ८ ॥

kṛṣṇāsyātipriyā kāntā kṛṣṇo vāsyāḥ priyaḥ sadā .
sarvairdevagaṇairuktā tena kṛṣṇapriyā smṛtā ..
8..

She is the beloved consort of krishna, she is the most favorite of krishna. Or because krishna is always loved the most by her, hence she is told (known) as kṛṣṇapriyā by all the gods.

Here the word 'sadā' always is of utmost importance.she loves him eternally and in all conditions.

Lord kṛṣṇa loves every creation of his, he is the reason of welfare of all the beings of all the worlds and he treats everyone equal. Then how can we explain Krishna's very special love for her.

One reason is she is non dual to krishna and equal to krishna.

Another reason is that she is the best devotee of krishna.

In bhagavad geeta krishna states 'यो मद्भक्तः स मे प्रियः'

'yo madbhaktaḥ sa me priyaḥ'one who is my devotee is dear to me.

Hence we can understand goddess rādhā is the most beloved to him because she is also his best devotee apart from being his eternal consort. Lord Krishna is also the best devotee of goddess rādhā. They adore each other and worship each other with incomparable love.

कृष्णस्वरूपिणी

kṛṣṇasvarūpiṇī

कृष्णरूपं संनिधातुं या शक्ता चावलीलया ।
सर्वांशैः कृष्णसदृशी तेन कृष्णस्वरूपिणी ॥ ९॥

kṛṣṇarūpaṃ saṃnidhātuṃ yā śaktā cāvalīlayā .
sarvāṃśaiḥ kṛṣṇasadṛśī tena kṛṣṇasvarūpiṇī ..
9..

She is capable of bringing kṛṣṇa's form near her, near us (devotees) effortlessly and playfully, she is identical and equal to kṛṣṇa in all aspects hence she is kṛṣṇasvarūpiṇī.

When goddess rādhā calls or even thinks of lord krishna, he appears before her instantaneously, she is closest to krishna like a part of krishna's own form, hence she is kṛṣṇasvarūpiṇī.

कृष्णाभिन्नत्वात् कृष्णस्वरूपिणी

kṛṣṇābhinnatvāt kṛṣṇasvarūpiṇī

She is non dual to kṛṣṇa hence she is praised as the one who is in the form of kṛṣṇa.

She is the embodiment of kṛṣṇa because of her love and devotion to krishna she is

She who is the natural form of kṛṣṇa. She is the true nature of kṛṣṇa.

She is the goddess and controller of rasa, and complete bliss, lord krishna's own natural form is supreme bliss hence she is praised as kṛṣṇasvarūpiṇī.

कृष्णवामाङ्गसम्भूता

kṛṣṇavāmāṅgasambhūtā

वामाङ्गार्धेन कृष्णस्य या सम्भूता परा सती ।

कृष्णवामाङ्गसम्भूता तेन कृष्णेन कीर्तिता ॥ १० ॥

vāmāṅgārdhena kṛṣṇasya yā sambhūtā parā satī
.
kṛṣṇavāmāṅgasambhūtā tena kṛṣṇena kīrtitā ..
10..
She, the supreme devotee of krishna manifested from the left half of kṛṣṇa's body. For that reason, she is praised by the epithet kṛṣṇavāmāṅgasambhūtā by krishna.

paramānandarūpiṇī

परमानन्दराशिश्च स्वयं मूर्तिमती सती ।

श्रुतिभिः कीर्तिता तेन परमानन्दरूपिणी ॥ ११॥

paramānandarāśiśca svayaṃ mūrtimatī satī .
śrutibhiḥ kīrtitā tena paramānandarūpiṇī .. 11.

She is multitude of supreme bliss and herself is
the embodiment of supreme bliss hence she is
praised as paramānandarūpiṇī by the śrutis
(vedas)

एषोऽस्य परम आनन्द एतस्यैवानन्दस्यान्यानि भूतानि

मात्रामुपजीवन्ति इति श्रुतेः

eṣo'sya parama ānanda
etasyaivānandasyānyāni bhūtāni
mātrāmupajīvanti iti śruteḥ

The vedas clearly state " this is the supreme bliss,
the complete bliss, every other bliss that is

experienced and enjoyed by the beings is a tiny particle of this complete bliss.

In shloka 49, chapter one of ninth skanda (canto) of devi bhagavata

परमाह्लादरूपा च संतोषहर्षरूपिणी |

निर्गुणा च निराकारा निर्लिप्तात्मस्वरूपिणी ||

paramāhlādarūpā ca saṃtoṣaharṣarūpiṇī |
nirguṇā ca nirākārā nirliptātmasvarūpiṇī ||

She is the form of supreme bliss, satisfaction and happiness, he is beyond all attributes and and bound to a form, she is free of attachments and stains and she is our true self (atman) which is distinct from everything else.

कृष्णा

kṛṣṇā

कृषिर्मोक्षार्थवचनो न एतोत्कृष्टवाचकः ।

आकारो दातृवचनस्तेन कृष्णा प्रकीर्तिता ॥ १२ ॥

kṛṣirmokṣārthavacano na etotkṛṣṭavācakaḥ .
ākāro dātṛvacanastena kṛṣṇā prakīrtitā .. 12..

The word 'kṛṣi' gives the meaning final liberation, ṇa means excellence. Ā indicates the act of giving. She is the one who grants us devotees excellence (in material and spiritual aspects) and finally grants us liberation, hence she is praised as kṛṣṇā

कृषिभूर्वाचकः शब्दो *णश्च निर्वृति* वाचकः ।

तयोरैक्यम् परं ब्रह्म कृष्ण इत्यभिधीयते ॥

kṛṣibhūrvācaka: śabdo ṇaśca nirvṛti vācaka:।

tayoraikyam param brahma kṛṣṇa ityabhidhīyate
॥

kṛṣ indicates 'sat' – pure existence and consciousness ṇa means eternal bliss (ānanda) the combination of these two qualities in its completeness is para brahma (absolute god) and that Brahman is known by the name kṛṣṇa.

ā - indicates giving, she who gives us krishna, she who associates us with the supreme reality who is ever existing and ever blissful is kṛṣṇā

वृन्दावनी

vṛndāvanī

अस्ति वृन्दावनं यस्यास्तेन वृन्दावनी स्मृता ।
वृन्दावनस्याधिदेवी तेन वाथ प्रकीर्तिता ॥ १३ ॥

asti vṛndāvanaṃ yasyāstena vṛndāvanī smṛtā .
vṛndāvanasyādhidevī tena vātha prakīrtitā .. 13..
She is called vṛndāvanī because she has a
garden of tulasi plants and she loves it, because
krishna loves tulasi. Another reason for her being
known by the name vṛndāvanī is that she is the
presiding deity of the holy land of vṛndāvana. She
pervades vṛndāvana and dwells in every small
portion of the holy land.

वृन्दा

vṛndā

सङ्घःसखीनां वृन्दः स्यादकारोऽप्यस्तिवाचकः ।

सखिवृन्दोऽस्ति यस्याश्च सा वृन्दा परिकीर्तिता ॥ १४ ॥

saṅghaḥsakhīnāṃ vṛndaḥ
syādakāro'pyastivācakaḥ .
sakhivṛndo'sti yasyāśca sā vṛndā parikīrtitā .. 14

The group of friends who are girls (sakhis) are called as vṛndaḥ, the letter 'a' indicates existence, presence or possession, she who has a great circle of female friends (lalitā, viśākā and others) is praised as vṛndā.

Vṛnda means group - gods are collectively called devavṛnda, groups of seers are called munivṛnda, and so on, ā means she who possesses, she owns, all such different glorious groups, hence she is praised by the name vṛndā

वृन्दावनविनोदिनी

vṛndāvanavinodinī

वृन्दावने विनोदश्च सोऽस्या ह्यस्ति च तत्र वै ।
वेदा वदन्ति तां तेन वृन्दावनविनोदिनीम् ॥ १५ ॥

vṛndāvane vinodaśca so'syā hyasti ca tatra vai .
vedā vadanti tāṃ tena vṛndāvanavinodinīm ..
15..

The word vinoda means, pleasure, pleasing activities and pastimes,

She has her ultimate pleasure and bliss in vṛndāvana, she does all her divine pastimes (divya leela) along with krishna in vṛndāvana. Her beloved Krishna is also there in the same place. The vedas say (praise) that she is vṛndāvanavinodinī because of the above-mentioned reasons.

chapter one of ninth skanda of devi bhagavata

षष्टिवर्षसहस्राणि प्रतसं ब्रह्मणा पुरा

यत्पादपद्मनखरदृष्टये चात्मशुद्धये

न च दृष्टं च स्वप्नेsपि प्रत्यक्षस्यापि का कथा

तेनैव तपसा दृष्टा भुविवृन्दावने वने

ṣaṣṭivarṣasahasrāṇi prataptaṃ brahmaṇā purā
yatpādapadmanakharadṛṣṭaye cātmaśuddhaye
na ca dṛṣṭaṃ ca svapne'pi pratyakṣasyāpi kā kathā
tenaiva tapasā dṛṣṭā bhuvivṛndāvane vane

Once, in ancient times, brahma remained in austerity and penance for sixty thousand years for having a vision of at least the nails of the lotus like feet of goddess radha, for self-purification. Brahma couldn't see that even in his dreams, so what to say about a divine vision before his eyes. Later by his penance brahma saw goddess radha in the forest in the land of vṛndāvana. That is the greatness of vṛndāvana. All the divine pastimes of the goddess happens in this holy land.

चन्द्रावली

candravalī

नखचन्द्रावली वक्त्रचन्द्रोऽस्ति यत्र संततम् ।

तेन चन्द्रवली सा च कृष्णेन परिकीर्तिता ॥ १६ ॥

nakhacandrāvalī vaktracandro'sti yatra
saṃtatam .
tena candravalī sā ca kṛṣṇena parikīrtitā .. 16..

She is praised as candravalī by Krishna because
her nails are like a series of moon. Her face is
white, bright and pleasant like the moon. Since all
these moons are always present in her,

Her brightness is praised in the devi bhagavata
maha purana

दृष्टिदृष्टा न सा केशैः सुरेन्द्रैर्मुनिपुङ्गवैः

वह्निशुद्धांशुकधरा नानालङ्कारभूषिता

कोटिचन्द्रप्रभापुष्टसर्वश्रीयुक्तविग्रहा

dṛṣṭidṛṣṭā na sā keśaiḥ surendrairmunipuṅgavaiḥ
vahniśuddhāṃśukadharā nānālankārabhūṣitā

koṭicandraprabhāpuṣṭasarvaśrīyuktavigrahā

She hasn't been seen through the eyes, even the gods like brahma and eesha and the great sages, she wears a garment as pure as fire and she is adorned by various ornaments. She is adorned with the brightness of millions of moons emitting from all parts of her body.

candrakāntā

कान्तिरस्ति चन्द्रतुल्या सदा यस्या दिवानिशम् ।
सा चन्द्रकान्ता हर्षेण हरिणा परिकीर्तिता ॥ १७॥

kāntirasti candratulyā sadā yasyā divāniśam .
sā candrakāntā harṣeṇa hariṇā parikīrtitā .. 17..

She who always (day and night) has the blissful glow of the moon in her face is praised by hari (lord Vishnu) by the name candrakāntā with immense happiness.

When we see the moon, or when the moonlight falls on us, we feel happy forgetting our sorrows and struggles, likewise, the goddess radha by her grace rectifies all the sorrows of the mundane life issues and blesses us with the bliss of krishna.

śaraccandraprabhānanā

शरच्चन्द्रप्रभा यस्स्याश्चाननेऽस्ति दिवानिशम् ।

मुनिना कीर्तीता तेन शरच्चन्द्रप्रभानना ॥ १८ ॥

śaraccandraprabhā yassyāścānane'sti
divāniśam .
muninā kīrtītā tena śaraccandraprabhānanā ..
18..

In whose face there is the brightness of the moon
of spring season day and night, for the same
reason she is praised as śaraccandraprabhānanā
by the sage.

Moon of the spring season is the most pleasant
moon to look at and that is the time when the
moon showers its coolest and most pleasant rays.

The face of the goddess is compared to that moon
because of her pleasant luster and grace.

Just like the spring moon makes us happy, the
vision of goddesses' face makes us calm and

pleasant for it is full of unconditional love and compassion for us beings

Uttara Peetika

नामान्येतानि साराणि तेषामभ्यन्तराणि च

nāmānyetāni sārāṇi teṣāmabhyantarāṇi ca .. 3..

These above-mentioned sixteen names are the essence of rādha tattva - the highest truth and real nature of goddess rādhā, meaning that, by understanding and contemplating on these sixteen names one can understand the principle of rādhā.

These names are also found within the rādhā sahasranama stotra and other important stotras of goddess rādhā.

In other words. These names contain the essence of all the names of the goddess.

These names explain us the relationship of goddess rādhā with supreme god Krishna and their love and devotion to each other. Hence these names are the essence.

Shloka 4 to shloka 18 are the explanation for these 16 names, which I have already explained above.

इदं षोडशनामोक्तमर्थव्याख्यानसंयुतम् ॥

idaṃ
ṣoḍaśanāmoktamarthavyākhyānasaṃyutam ..

These are sixteen names (of goddess radha) told along with the explanation of the meaning.

नारायणेन यद्दत्तं ब्रह्मणे नाभिपङ्कजे।

ब्रह्मणा च पुरा दत्तं धर्माय जनकाय मे ॥ १९॥

nārāyaṇena yaddattaṃ brahmaṇe nābhipaṅkaje.
brahmaṇā ca purā dattaṃ dharmāya janakāya
me .. 19..

This hymn is that which was given to brahma the
creator by nārāyaṇa, long ago brahma give
(taught) this hymn to dharma my father,

धर्मेण कृपया दत्तं मह्यमादित्यपर्वणि ।

पुष्करे च महातीर्थे पुण्याहे देवसंसदि ॥

राधाप्रभावप्रस्तावे सुप्रसन्नेन चेतसा ॥ २० ॥

dharmeṇa kṛpayā dattaṃ mahyamādityaparvaṇi .
puṣkare ca mahātīrthe puṇyāhe devasaṃsadi..
rādhāprabhāvaprastāve suprasannena cetasā ..
20..

With kindness and compassion and a pleasant
mind, dharma gave it to me, in the time of a solar
eclipse in the holy water body of pushkara, in a
meeting of gods, while he was talking about the
glory of goddess rādhā

इदं स्तोत्रं महापुण्यं तुभ्यं दत्तं मया मुने ।

निन्दकायावैष्णवाय न दातव्यं महामुने ॥ २१॥

idaṃ stotraṃ mahāpuṇyaṃ tubhyaṃ dattaṃ
mayā mune .
nindakāyāvaiṣṇavāya na dātavyaṃ mahāmune ..
21..

O sage, this great hymn which is greatly purifying
in nature is given to you by me, O great sage this
hymn should not be given to those who insult the
lord, those who are not devoted to the lord vishnu
(omnipresent supreme god)

Phala shruti

यावज्जीवमिदं स्तोत्रं त्रिसंध्यं यः पठेन्नरः ।
राधामाधवयोः पादपद्मे भक्तिर्भवेदिह ॥ २२॥

yāvajjīvamidaṃ stotraṃ trisaṃdhyaṃ yaḥ
paṭhennaraḥ .
rādhāmādhavayoḥ pādapadme
bhaktirbhavediha .. 22..

One who recites this hymn in times of three
sandhyas (dawn, mid noon and dusk) all of one's
life attains devotion in the lotus feet of rādhā and
mādhava here.

The word iha (here) stresses on the opinion that,
in this same world, in this same birth, the reciter
becomes devoted to rādhā and mādhava. (and
that devotion itself gives everything which is
needed)

अन्ते लभेत्तयोर्दास्यं शश्वत्सहचरो भवेत् ।

अणिमादिकसिधिं च सम्प्राप्य नित्यविग्रहम् ॥ २३ ॥

ante labhettayordāsyaṃ śaśvatsahacaro bhavet

.

aṇimādikasidhiṃ ca samprāpya nityavigraham ..
23..

In the end (of the present birth) the devotee attains the servanthood of the two (rādhā and mādhava) and become their companion, friend, follower and always live in their proximity. The devotee attains aṇimā and other great yogic powers and a divine eternal body (fit to live in the abode of rādhā and krishna.)

The eight great yogic powers mentioned in this verse are:

aṇimā – becoming smaller in size

mahimā – becoming bigger in size

garimā – increasing your weight in an instant and becoming heavy

laghimā – to become so lite.

Prāpti – to get anything you wish for.

Prākāmya - irresistible will or fiat

Vashitva - subduing to one's own will

Eeshitva – supremacy

व्रतदानोपवासैश्च सर्वैर्नियमपूर्वकैः ।

चतुर्णां चैव वेदानां पाठैः सर्वार्थसंयुतैः ॥ २४॥

vratadānopavāsaiśca sarvairniyamapūrvakaiḥ .
caturṇāṃ caiva vedānāṃ pāṭhaiḥ
sarvārthasaṃyutaiḥ .. 24..

Vrata -   vows

Dāna - giving gifts to the noble ones, deserving
ones.

upavāsa - fasting and remaining in proximity and
connection with the god and god related
activities.

Sarvairniyamapūrvakaiḥ - by abiding by all the
rules, regulations and restrictions prescribed by
the sacred scriptures

caturṇāṃ caiva vedānāṃ pāṭhaiḥ
sarvārthasaṃyutaiḥ - and by reciting the four
Vedas along with a clear understanding of the
meaning of the Vedas.

सर्वेषां यज्ञतीर्थानां करणैर्विधि꠸ोधितः ।

प्रदक्षिणेन भुमेश्च कृत्स्नाया एव सप्तधा ॥ २५ ॥

sarveṣāṃ yajñatīrthānāṃ karaṇairvidhibodhitaḥ .
pradakṣiṇena bhumeśca kṛtsnāyā eva saptadhā
.. 25..

(The fruit attained by) performing of all the yagyas (sacred sacrifices), bathing is all holy water bodies which are capable of purifying us, according the methods prescribed in the sacred scriptures. Doing parikrama of the complete earth (all the holy shrines in it) for seven times.

शरणागतरक्षायामज्ञानां ज्ञानदानतः ।

देवानां वैष्णवानां च दर्शनेनापि यत् फलम् ॥ २६॥

śaraṇāgatarakṣāyāmajñānāṃ jñānadānataḥ .
devānāṃ vaiṣṇavānāṃ ca darśanenāpi yat
phalam .. 26..

The fruit which is attained by protecting those who seek refuge, implanting wisdom to the ignorant, the merit and fortune of seeing and meeting gods and devotees of the lord. (Continued in the next shloka)

तदेव स्तोत्रपाठस्य कलां नार्हति षोडशीम् ।

स्तोत्रस्यास्य प्रभावेण जीवन्मुक्तो भवेन्नरः ॥ २७॥

tadeva stotrapāṭhasya kalāṃ nārhati ṣoḍaśīm .
stotrasyāsya prabhāveṇa jīvanmukto
bhavennaraḥ .. 27..

All that is not equal even to the 1/16th of the merit (punya) obtained by chanting this hymn. By the effect, power and virtue of this hymn one becomes jeevanmukta - completely liberated while living.

Contact Me

You can always feel free to contact me or send me suggestions, doubts to writetokoushik@yahoo.com

Follow me at

My blog

authorkoushik.tumblr.com

My YouTube Channel

bit.ly/koushikvideos

Facebook: authorkoushik

For my other books visit:

https://linktr.ee/authorkoushik

Please Leave a Review

Thank you for reading the book. Hope you enjoyed it.

If you like this book and enjoyed reading, it would be really helpful if you can share your experience by leaving a review

If you have had any problems with the book, please feel free to message me through email writetokoushik@yahoo.com

I will try my best to help you with it.

Thank you

Koushik K

Other Books

Tales of Hanuman

Tales of Hanuman vol 2

Hanuman Chalisa Explained

Hanumad Bhujanga Stotra

Rama Raksha Stotra: A Shield Of Rama's Names

The Heart of Sun God - A Hymn from

Valmiki Ramayana

The Names of Sun God - A Hymn From Mahabharata

Surya Dvadashanama Stotra - Twelve

Names of Sun God

Shadpadee Stotra - A Hymn on Vishnu

by Adi Shankaracharya

Achyutashtakam: A Hymn on Lord Vishnu

by Adi Shankaracharya

Shiva Shadakshara Stotra: A Hymn on Shiva's Six Syllable Mantra

Ardhanarishvara Stotra: A Hymn on Unified Form Of Shiva and Shakti by Shankara Bhagavadpaada

Shiva Manasa Pooja: Mental Worship Of Shiva

Kalabhairavashtakam: Eight Verses on Kalabhairava

Hundred and Eight Names of Bhairava

Margabandhu Stotra: A Hymn on Margasahaya Shiva By Appayya Deekshita

Names of Shiva: Commentary on 108 Names of Shiva From Shiva Rahasya Khanda Based onShiva Tatva Rahasya Of Neelakanta Deekshita

Ganesha Pancharatnam: A hymn on Ganesha by Shankara Bhagavadpada

Ganesha Sahasranama- Thousand Names of Ganesha: Translated Based on Bhaskara Raya Makhin's Khadyota Bhashya

Heramba Upanishad

19 PLUS TIPS FOR USING GMAIL TO THE FULLEST

All That You Need To Know About Google Keep for Increasing Productivity

All That You Need to Know When Buying Domains

All That You Need to Know About Tumblr Blogs

Productivity Hacks for Entrepreneurs

Who Should Start a Membership Business

Glories of Shiva: Kaalahastheeshwara (coming soon)

Glories of Shiva: Stories from the Shiva Mahimna Stotra (coming soon)

All books that are published are available through online stores check

https://linktr.ee/authorkoushik